Mark Sarg

Der Papst als Hutschachtel

Bizarre Kurzgeschichten

Goldene Rakete Verlag für Belletristik

Publisher:
Goldene Rakete Verlag für Belletristik
is a trademark of
International Book Market Service Ltd., member of OmniScriptum Publishing Group
17 Meldrum Street, Beau Bassin 71504, Mauritius

Printed at: see last page
ISBN: 978-620-2-44495-8

INHALTSVERZEICHNIS

DER MISSIONAR 3

DIE EINDEUTIGE SITUATION 4

DIE ZWEIDEUTIGE SITUATION 5

DIE MEHRDEUTIGE SITUATION 6

DIE VIELDEUTIGE SITUATION 7

DIE BELEIDIGTE LEICHE 8

DER PAPST ALS BRAUTJUNGFER ODER

DES TEUFELS HOCHZEIT MIT SEINER GROSSMUTTER 9

DAS KRISENSICHERE GESCHÖPF 10

„MISSTRAUEN SIE MIR NICHT!" 11

„MISSTRAUEN SIE MIR!" 12

„MISSTRAUEN SIE SICH NICHT!" 13

„MISSTRAUEN SIE SICH!" 14

DER PAPST ALS GRASHALM 15

DER PAPST ALS KÜKEN 16

DER PAPST ALS GANOVE 17

DAS ILLUSTRE GESCHÖPF 18

DIE ILLUSTRE KREATUR 19

DER TROST DES LEBENS 20

DIE HEILIGEN SEXSHOPS 21

DIE ERLAUCHTE ERLEUCHTUNG 22

DER PÄPSTLICHE ALLESFRESSER 23

DIE KLUGE LEICHE 24

DAS RENITENTE GESCHÖPF 25

DAS RABIATE GESCHÖPF 26

DER VAMPIR AUF DER HEIDE 27

THE VAMPIRE OF THE BRITISH EMPIRE 28

DAS GEHEIMNIS DES PAPSTES 29

DAS GEHEIMNIS DER KIRCHE 30

DIE HEILIGE KONFRONTATION 31

DIE UNHEILIGE KONFRONTATION 32

„DARF ICH IHNEN EINE KLEINE FREUDE BEREITEN?" 33

„BESCHREIBEN SIE SICH!" 34

„BESCHREIBEN SIE SICH NICHT!" 35

„BESCHREIBEN SIE MICH!" 36

„BESCHREIBEN SIE MICH NICHT!" 37

DER PAPST ALS SCHLAUMEISTER 38

DER PAPST ALS SCHAUMROLLE 39

DIE MONDÄNE NACHT 40

„AUF DES MONDES STOLZEN HÖHEN" 41

DER BEICHTSTUHL DES GRAUENS 42

DAS ABSOLUTE GESCHÖPF 43

DER PAPST ALS HUTSCHACHTEL 44

DER MISSIONAR

Ein unersättliches Geschöpf fraß ohne Ansehung der Person jeden auf, der ihm über den Weg lief, und verspürte dennoch ständig Appetit – sodass es schließlich zur Überzeugung gelangte, es lebe zu enthaltsam und speise viel zu wenig. „Diese ewige Fasterei hat jetzt ein für alle Mal ein Ende! Und wenn ich mir die ganze Welt einverleiben muss!", entschied es resolut.

Danach ging es noch methodischer vor und verschlang auch diejenigen, die ihm **nicht** über den Weg liefen – einfach indem es *ihnen* über den Weg lief.

Aber satt und zufrieden wurde es trotzdem nie. Muss wohl ein wahrer **Missionar** gewesen sein …

DIE EINDEUTIGE SITUATION

In einer wohl eindeutigen Situation überraschten mehrere Gläubige Baronin Freihilde von Rebvogel, als sie nach dem Hochamte noch ganz benommen vor Verzückung in die Sakristei eilten, um ein Autogramm von Bischof Liebknecht Hundskerl in ihr Gebetbuch zu erbitten – und sie mit dem Kopfe unter seinem Messgewande fanden.

Denn dies konnte natürlich nur *eines* bedeuten: Er hatte sie – endlich – zum Katholizismus bekehrt!

DIE ZWEIDEUTIGE SITUATION

Stets auf der Lauer, erspähte Hofrätin Wachholde Nimmermatt spätnachts durch ihren Türspion, wie ihr Nachbar, Oberstudienrat Damiano Zickenbart, der ihr ohnehin nicht ganz geheuer war, mit verstohlenem Getue einen Sarg in seine Wohnung schleppte.

Nun grübelte sie völlig außer sich und ratlos: *War* er etwa bereits tot – oder hatte er bloß *vor*, irgendwann zu sterben?

DIE MEHRDEUTIGE SITUATION

Entschieden mehrdeutig stellte sich die Situation für die strapazierten Zuhörer dar, als Prälat Jonathan Schnattermann während seiner Sonntagspredigt auf der Kanzel selig entschlafen war.

Denn nun wussten sie nicht: Hatte ihn selbst seine Rede so sehr gelangweilt? Hatte er sich bloß von der fortgeschrittenen Ermüdung des **Auditoriums** anstecken lassen?

Oder aber war er von seiner Schwarzmalerei lediglich **erlöst** – oder gar für sie **bestraft** worden?

Das fromme Publikum wollte mit der Beantwortung dieser Fragen jedenfalls nicht warten, bis es selber an einem anderen Orte war, sondern machte sich ganz nach Belieben seinen eigenen Reim darauf – und **freute** sich vor allem schon auf eine feierliche Beerdigung …

DIE VIELDEUTIGE SITUATION

Derart *viel*deutig war die Situation, die Baron Tivoli Rutschbart nach seiner Geburt vorfand, dass er sich beim besten Willen nicht entscheiden konnte, welcher Deutung er sich als **Erstes** widmen sollte.

So verschob er ganz einfach die Klärung dieser Fragen auf die Zeit nach seinem Tode.

In *seinem* Falle wenigstens war dies vermutlich auch das Beste, was er tun konnte ...

DIE BELEIDIGTE LEICHE

So nachhaltig beleidigt war Primaballerina Donatella Tempelkopf über ihren „unerwarteten" Tod, dass sie in der Folge auch sämtliche Angebote für eine Neugeburt trotzig und rüde ausschlug: „Ihr könnt mich alle **kreuz und quer!**"

Bis irgendwann aber doch die „Vernunft" obsiegte – und sie es kaum mehr erwarten konnte, wieder unter Lebenden zu tanzen ...

DER PAPST ALS BRAUTJUNGFER ODER

DES TEUFELS HOCHZEIT MIT SEINER GROSSMUTTER

Hochformell, mittels höllischem Kurier wurde Papst Heroicus der Tapfere vom Teufel hievon in Kenntnis gesetzt, dass dieser seine eigene Mutter zu ehelichen gedenke – und „Seiner Heiligkeit zu Ehren" die Flitterwochen nicht nur auf Erden, sondern sogar in der päpstlichen Sommerresidenz in Castel Gandolfo zu verbringen plane, da diese jahreszeitbedingt ohnehin gerade leer stehe.

Er sei jedoch „selbstlos" bereit, in letzter Minute auf die Trauung zu verzichten – wenn sich der Kirchenfürst als **Brautjungfer**, in einem weißen Ballettrock, ebensolchen Spitzenschuhen und mit einem Strauß weißer Rosen, zu den Hochzeitsfeierlichkeiten an einem bislang geheimen Ort vor den Toren Roms einfände.

In einem Akt beispielloser Demut und Selbstüberwindung ging der Heilige Vater „zur Rettung des Universums" auf den Handel ein – und ausnahmsweise hielt Luzifer auch sein Versprechen. Er heiratete allerdings dafür seine *Groß*mutter – und ihre Flitterwochen brachten die beiden direkt im Vatikan zu.

Da sie dort aber als *Kardinäle* auftraten, merkte es nicht nur keiner – sondern jeder **bewunderte** sie noch ob ihrer intelligenten, charmanten und überaus anregenden Konversation ...

DAS KRISENSICHERE GESCHÖPF

Ein krisensicheres Geschöpf lebte inmitten eines furchtbaren Seuchenherdes und gedieh dennoch überaus trefflich. Und selbst ein Weltkrieg konnte ihm nichts anhaben, ja nicht einmal die Religion – ganz zu schweigen von der „gewöhnlichen" Politik!

Nur dem **natürlichen** Tode folgte es dann erstaunlich bereitwillig.

Denn diesen erachtete es als das genaue **Gegenteil** von Krise ...

„MISSTRAUEN SIE MIR NICHT!"

„Misstrauen Sie mir nicht, mein Herr, denn dazu haben Sie überhaupt keinen Grund!"

Rein sachlich vermochte Baron Jungblut Dudelgack der Marchesa Rodelinda Dieselsack tatsächlich nichts entgegenzusetzen – weswegen er schließlich, ein wenig zögerlich, dem Ehevertrag zustimmte.

Danach jedoch **häuften** sich plötzlich Gründe über Gründe …

„MISSTRAUEN SIE MIR!"

„Misstrauen Sie mir, Sie alberner Gimpel! Ich wickle Sie um den Finger, ehe Sie bis drei zählen, mache anschließend Hackfleisch aus Ihnen und werfe Sie dann den Wölfen zum Fraß vor!"

Da die von ihm angebetete Diva Florette von Schmatzkatz ihre Warnung mit vollendeter Grazie und dem bezauberndsten, unwiderstehlichsten **Lächeln** garnierte, war Sir Dagobert Hundsschädel leider nicht im Geringsten bereit, ihr Glauben zu schenken – und heiratete sie stattdessen unverzüglich.

Müßig zu erwähnen, wie *sehr* er sich später wünschte, er hätte sie ernst genommen …

„MISSTRAUEN SIE SICH NICHT!"

„Misstrauen Sie sich nicht, Sie erbärmlicher Wicht, denn Sie leiden nur deshalb an Gicht!"

Erst als Primarius Bartholomeus Krautkopf ob der permanenten Selbstzweifel seines Patienten Hans Franzgans der Kragen geplatzt war, fand dieser sich endlich bereit, seine Taktik zu revidieren.

Er misstraute fortan *ihm* und suchte sich einen neuen Doktor.

„MISSTRAUEN SIE SICH!"

„Misstrauen sie sich ruhig, das bringt Sie weiter und macht Sie gescheiter!"

Von krankhaftem Ehrgeiz gepeinigt, trieb Chevalier Rigobert Trotzgosch die Empfehlung des Gurus für Erkenntnistheorie Jeremias Kropfloch derart **unerbittlich** auf die Spitze – bis er zur Erlösung *platzte* vor Gescheitheit!

DER PAPST ALS GRASHALM

Unschuldig wie ein Grashalm – verständlich, dass dies der brennendste **Wunsch** von Papst Krautzopf dem Gewaltigen war, als er am Ende auf seine unrühmliche Amtszeit zurückblickte.

Doch bis zur Erfüllung musste er wohl noch eine etwas weniger angenehme **Zwischenexistenz** als unschuldiges Inquisitionsopfer absolvieren …

DER PAPST ALS KÜKEN

„Dieses Küken wird auch noch lernen, wie es **höflich** mit mir umzugehen hat!" Gelassen und voller Zuversicht reagierte Luzifer auf die Ernennung von Papst Zuckerbrot I., der in seiner Antrittsrede munter die **Peitsche** über seinen Widersacher schwang.

Und wie immer – wenn es sich um kirchliche Belange dreht – sollte letzterer *mehr* als recht behalten …

DER PAPST ALS GANOVE

„Dieser Ganove", ereiferte sich auf einer Pressekonferenz der Teufel über Papst Rabiaticus den Wilden, „glaubt doch tatsächlich, er könne mir die Schau stehlen, indem er Ungläubige auf dem Scheiterhaufen verbrennt, anstatt sie bloß mir zu überantworten!"

In heiligem Zorne ob dieser mehr als ehrenrührigen Bezeichnung rief der Gescholtene daraufhin unverzüglich die Gerichte an. Und da sich die irdischen für Delikte des Teufels nicht zuständig erklärten, wandte er sich eben an ein überirdisches – von wo ihm dann auch erstaunlich rasch, mittels nächtlicher Traumbotschaft, ein nur für ihn überraschendes Urteil zuging:

Der Höllenfürst habe mit der inkriminierten Äußerung nachgerade teuflisch *unter*trieben – denn der von ihm gebrauchte Ausdruck sei fast schon eine „frivole Schmeichelei" angesichts des Leids, Frevels und Unheils, das der „Heilige" Vater und seine Institutionen im Namen des Allmächtigen an Unschuldigsten begangen hätten. Der Kläger möge sich schon beizeiten auf eine recht ausgedehnte Unterkunftsdauer im Quartier des Beklagten einstellen.

Da trat der Papst schleunigst aus der Kirche aus und eilte halbnackt in die Wüste, um möglichst früh mit der Buße zu beginnen ...

DAS ILLUSTRE GESCHÖPF

Ein illustres Geschöpf hüpfte den Leuten auf den Nasen und überall sonst herum, und wegen seines Glanzes getraute sich keiner, ihm dies zu verwehren.

Als es sich jedoch einmal ganz unvermittelt **entkleidete** – bekreuzigte man sich voll Abscheu, machte ihm den Prozess und verbrannte es.

DIE ILLUSTRE KREATUR

Eine Kreatur war dermaßen illuster, dass sie ihr Leben lang **niemandem** erlaubte, sie zu sehen.

Und auch für **danach** hatte sie strikt vorgesorgt – indem sie sich zeitgerecht einäscherte.

DER TROST DES LEBENS

„Der größte Trost des Lebens ist, dass man es jederzeit **beenden** kann!"

Mit dieser – von Kritikern als „selbstherrlich" empfundenen – Einstellung erreichte der Philosophieprofessor Archivarius Kloppkopp gleichwohl ein achtenswertes Alter von 177 Jahren – ehe ihm jede weitere Entscheidung darüber barmherzigerweise aus der Hand genommen ward.

DIE HEILIGEN SEXSHOPS

Weil ein überaus exquisiter Erotikshop mit besonders reichhaltigem Sortiment bei der behördlichen Anmeldung auf dem stolzen Namen „Vaticano" beharrte, verwehrte man ihm mit Rücksicht auf jene ehrwürdige Institution selbstverständlich die Konzession.

Als aus Rom jedoch völlig überraschend eine vertrauliche Bestätigung eintraf, es handle sich um das erste Glied einer geplanten **Handelskette**, deren Ziel die Erschließung neuer Einnahmequellen zur Finanzierung frommer Anliegen sei, bat man tausend Mal um Vergebung, lud sich selbst zur feierlichen Eröffnung ein und stellte darüber hinaus eine amtliche Auszeichnung nebst großzügiger Förderung für den heiligen Zweck zur Verfügung.

Da der Vatikan aber unter letzterem gerade den verstärkten **Kampf** gegen die „alles überwuchernde" Erotik verstand, fand sich der betreffende Staat – wie viele andere auch – bald auf einer schwarzen Liste wegen seiner „verwerflichen Zuwendung". Weshalb er den „Saftladen" empört wieder schloss – und prompt auf der nächsten schwarzen Liste landete!

Der Kirche kann man es eben *nie* recht machen …

DIE ERLAUCHTE ERLEUCHTUNG

Just am Tage seines feierlichen Amtsantritts berief sich Papst Gottpopsch der Einzige auf eine „erlauchte Erleuchtung", die ihn über Nacht ereilt hätte, segnete den Erdkreis – und dankte unverzüglich wieder ab.

Doch anstatt ihn mit allen erlauchten Ehren heiligzusprechen, **verschweigt** die Kirche bis heute seinen Namen!

DER PÄPSTLICHE ALLESFRESSER

Der Einsicht getreu, dass dem Heiligen nichts unheilig, erwies Papst Appetizius der Große sich als reinster Allesfresser.

Seine Lieblingsspezialität waren selbstverständlich besonders auserwählte **Christen** – die man ihm allerdings nur zu den kirchlichen Festtagen servierte. An den gewöhnlichen Tagen taten es auch schon mal gegrillte Ketzer, Abtrünnige, ja sogar lumpige Atheisten – sieht man von der reichhaltigen **bürgerlichen** Küche ab, die hier keiner weiteren Erwähnung bedarf.

Bei den Nebenmahlzeiten gab er sich relativ bescheiden, wenn auch um nichts weniger genießerisch. So nahm er zum Frühstück meist vorlieb mit „gebratenem Allerlei", worunter er vorzugsweise Ungeziefer nicht nur tierischer Provenienz verstand. Zum Jausenkaffee naschte er gerne gehacktes und gezuckertes überzähliges Mobiliar, und zur Stärkung zwischendurch knabberte er leidenschaftlich Blechdosen. Und selbst an den Fasttagen musste er nicht darben, da verzehrte er einfach mit Hingabe Mottenkugeln pur.

So gab es im Grunde nichts, was der Heilige Vater nicht mit Vergnügen speiste. Nur **Gott** vermochte man ihm leider nicht zu kredenzen – und so verschlang er zum krönenden Abschluss seines schwelgerischen Lebens wenigstens dessen „Stellvertreter" auf Erden, nämlich sich selbst.

DIE KLUGE LEICHE

Miss Lydia Schalkschädel selig war klug genug, aus ihrem Zustand das *Allerbeste* zu lukrieren.

Sie freundete sich allerdings **derart** mit ihm an, dass sie sich gar in ihn *verliebte*! Was zur Folge hatte, dass sie sich mit „Händen und Füßen" sträubte, ihn wieder zu verlassen, als die Zeit hierfür reif schien.

Dieses war dann wohl nicht **ganz** so klug …

DAS RENITENTE GESCHÖPF

Ein renitentes Geschöpf pfiff auf jegliche Moral und Konvention – und ernannte sich ganz einfach selbst zum Papst.

Doch ob dieses „beispiellosen, mutigen Kraftaktes" sprach man es schon zu Lebzeiten heilig. Und das, obwohl es gleich als erste Amtshandlung seinen Vorgänger liquidieren ließ.

DAS RABIATE GESCHÖPF

Inmitten der Wahnsinnsarie der Lucia sprang ein rabiates Geschöpf von der Proszeniumsloge direkt auf die Bühne, um der Darstellerin, Madame Clarissa Büffelzahn, mit ihrer Schleppe den Mund zu stopfen und die Szene höchst authentisch selber zu Ende zu singen und anschließend das frenetisch rasende Publikum aus dem Haus zu jagen.

Dann erst erbarmte es sich der wie toll umherwankenden Primadonna und eilte mit ihr auf die Psychiatrie. Zurück in der Oper, stürmte es in das Büro des sich die Haare raufenden Direktors, Monsieur Renaud Nudelbart, und machte ihm einen formellen Heiratsantrag – den er sprachlos „nicht einmal ignorierte". Worauf es ihm so lange schrille und wilde Koloraturen ins Ohr kreischte, bis er völlig überzeugt nicht nur einwilligte, sondern die „Gemahlin" auch gleich als neuen Star unter Vertrag nahm.

Und nun stand einer erfüllten Zukunft wahrhaftig nichts mehr im Wege. Die beiden adoptierten fünf Kinder aus dem Irrenhaus – und nach und nach löste das Geschöpf auch bei ihnen die Liebe zur „Gesangskunst" aus …

DER VAMPIR AUF DER HEIDE

Ein Vampir saß auf der Heide und strickte eifrig an einem Brautkleid. Als es 3 Uhr nachts schlug, hielt er kurz inne – und strickte weiter. Bis zum Morgengrauen.

Dann allerdings war es um ihn – und seine Hochzeit – geschehen. Nur das halbfertige Kleid erinnert heute noch an ihn.

Leider ist bis dato völlig unklar, *wo* es besichtigt werden kann.

THE VAMPIRE OF THE BRITISH EMPIRE

Um *wen* es sich hierbei handelt, mögen die Briten wohl am besten **selbst** klären …

DAS GEHEIMNIS DES PAPSTES

Papst Delirius IV. besaß ein Geheimnis, welches erst nach seinem Tode von Leibarzt Metastasio Hirngfrett gelüftet, vor der Öffentlichkeit aber verschwiegen wurde – wiewohl diese es vielfach bereits *ahnte*:

Er hatte einen Stachel im Gehirn.

DAS GEHEIMNIS DER KIRCHE

„Gott hat mit der Kirche ebenso wenig gemein wie mit Tierquälerei oder Bücherverbrennung! Und dies ist wohl das ‚**Herzstück**' des Geheimnisses, weshalb sie sich seit ihrer Gründung in einem solch gottserbärmlichen Zustande befindet – dass sie eben rein *gar* nichts mit **dem** zu schaffen hat, dem sie angeblich so heilig dient!"

So die keineswegs überraschende, gleichwohl ernüchternde Bilanz von Prof. Anastasius Grünlaus, der sein Leben ausschließlich der Kirchenforschung „weihte".

Und die restlichen Ingredienzien des Geheimnisses, nämlich ganz gewöhnlicher Stumpf- und Schwachsinn, Einfalt und Borniertheit, könne man darüber getrost vernachlässigen – da sich diese auch in allzu vielen anderen menschlichen Gruppierungen fänden …

DIE HEILIGE KONFRONTATION

Zur „Förderung der Heiligkeit" schrieb Papst Rhinozeros der Erste einen äußerst strengen und langwierigen Wettbewerb unter den kirchlichen Potentaten aus, dessen Sieger schon zu Lebzeiten heiliggesprochen werden sollte.

In die Endrunde gelangten lediglich Erzbischof Fabrizius Feldlaus und Kardinal Edelschweif Graumünster, die sich gleichermaßen durch Hartnäckigkeit wie Duldsamkeit auszeichneten, und nun in direkter Konfrontation auszuloten suchten, welcher von ihnen noch *mehr* zu ertragen imstande sei. Dabei verschätzten sich die zwei aber offenkundig in ihrem Eifer ein wenig – denn sie schlugen einander am Ende sogar die Schädel ein.

Immerhin sprach sie der Papst noch *vor* den Beisetzungsfeierlichkeiten **beide** heilig – und ließ sie auch, zur „Wiederverbrüderung", gemeinschaftlich bestatten.

Den Wettbewerb versprach er allerdings zu überdenken – in Richtung einer etwas „**nuancierteren**" Heiligkeit ...

DIE UNHEILIGE KONFRONTATION

Von der führenden Tageszeitung „Unheilige Nachrichten" wurde Papst Diavolo der Dritte formell mit seiner unheiligen Vergangenheit konfrontiert: Er war im letzten Leben ein Teufel gewesen!

Auf Grund eines vertraulichen Hinweises und mit Hilfe aus seiner nächsten Umgebung hatte die Zeitung mehrere Wochen hindurch einen Reporter in sein Schlafgemach geschleust, der ihn nachts mit dem Mikrofon dabei belauschte, wie er sich während seiner Träume kichernd und johlend brüstete, unzählige Christen in der Hölle gebraten und mit Hochgenuss verspeist zu haben.

Durch meisterhaftes Taktieren gelang es dem Heiligen Vater jedoch, die verschreckten Gläubigen nicht nur von seiner Läuterung zum „durch und durch aufrechten Katholiken, dem nichts Menschliches oder Teuflisches fremd ist" zu überzeugen, sondern wegen seiner Reue sogar **vermehrt** für sich einzunehmen.

Vor allem aber konnte er absolut glaubhaft versichern, dass er unter keinen Umständen mehr Christenfleisch verzehren würde, da er mittlerweile strikter Vegetarier sei ...

„DARF ICH IHNEN EINE KLEINE FREUDE

BEREITEN?"

„Darf ich Ihnen eine kleine Freude bereiten, meine Gnädigste?" Strahlend
empfing Psychiater Dr. Schmusemus Saugack seine langjährige Patientin
Comtesse Mikrobia Weichselhut, in die er sich plötzlich unsterblich verliebt
hatte. Und er gab ihr einen Kuss und erwürgte sie – bestens vertraut mit ihrem
starken permanenten, unausgesprochenen Todeswunsch.

Um ihr gleich darauf zu folgen, indem er aus dem Fenster sprang. In der bangen
Hoffnung, dass man andernorts die Beziehung zwischen ihnen vielleicht etwas
weniger eng sähe ...

„BESCHREIBEN SIE SICH!"

„Beschreiben Sie sich gefälligst!", herrschte Generaldirektor Mobby von Großgack den Aspiranten Winston Kleinsack an, da dieser vor lauter Ehrfurcht kaum ein Wort herausbrachte.

Dabei schlug er mit der Faust so gewaltig auf den Schreibtisch – dass dies eine „Spontanheilung" in seinem Gaste auslöste. Er sprang auf und schleuderte ihm ins dämlich-verdutzte Gesicht: „Wenn Sie mich nicht **selbst** richtig einschätzen können, sind Sie geradezu *un*beschreiblich doof und sollten sich *un*beschreiblich schämen hierfür! Und Ihren vermaledeiten Job können Sie sich an Ihre *un*beschreiblichste Körperpartie kleben!"

Und er verließ türknallend den Raum – nicht ohne noch eine *un*beschreiblich obszöne Geste nachgereicht zu haben.

„BESCHREIBEN SIE SICH NICHT!"

„Beschreiben Sie sich nicht, denn wie Sie sich **selber** sehen, interessiert mich nicht. Mir liegt ausschließlich daran, wie *ich* Sie sehe!"

Da Psychiater Zinnober Schlaurüssel im Moment aber gar keinen Patienten vor sich hatte, verhallte natürlich auch seine feierliche Standardbegrüßung im Leeren.

Er litt neuerdings öfter an derartigen Ausfällen und beschloss daher, seinen renommierten Kollegen Jerusalem Bauchredner zu Rate zu ziehen.

Dessen „Hilfe" freilich gleichfalls aus einer – äußerst opulenten – *Selbst*beschreibung bestand …

„BESCHREIBEN SIE MICH!"

„Beschreiben Sie mich bitte, ich möchte zu gerne einige Nettigkeiten hören!"

Da Sir Philodendron Lauchkropf seine Gemahlin Archivaria jedoch bei ihrer geheiligten morgendlichen Lektüre der Zeitung störte, bekam er lediglich **jene** zu hören – als sie ihm um die Ohren flog.

Und wegen der **Nettigkeiten** möchte er gefälligst warten, bis sie fertig wäre, und dann **selber** „dieses Saublatt" lesen!

„BESCHREIBEN SIE MICH NICHT!"

„**Beschreiben** sie mich nicht! Ich kann nicht mehr *hören*, wer, was oder *wie* ich bin!!", schmetterte Signor Peppino Sternschädel seiner Gattin Grauhilde entgegen, als sie – dem abendlichen Rituale folgend – mit Notizblock und Aufnahmegerät das Schlafzimmer betrat. Und da sie auch diesmal unbarmherzig blieb, raufte er sich in wilder Verzweiflung die Haare und stürzte sich aus dem Fenster.

Nun endlich konnte die ehrgeizige Psychologin ein weiteres Kapitel ihrer Langzeitstudie über das „tägliche Verhalten von Ehepartnern" abschließen – und war frei für ihr nächstes Versuchsobjekt.

DER PAPST ALS SCHLAUMEISTER

Unter den ungezählten Schein-Schlaumeiern seiner Zunft erwies Papst Wohlvernunft der Kluge sich als wahrer Schlau*meister*.

Kichernd gelangte er zur frommen Erkenntnis: „Ihr könnt mich alle *kreuz*weise!", gab sein Amt auf weit vor der Zeit und zog sich zur Gänze zurück ins Privatleben.

Und sah sich jetzt erst imstande, Gott *wirklich* zu erforschen und ihm zu dienen – zu welchem Behufe er sogar noch aus der Kirche austrat.

Seinen Scharfsinn wird wohl keiner seiner Nachfolger je erreichen ...

DER PAPST ALS SCHAUMROLLE

Eine leckere Schaumrolle, wahlweise vielleicht mit Schokolade, sei wohl
wahrlich die einzige Form, in der man Papst Krenkohl den Scharfen – und
selbstverständlich nicht nur diesen – allenfalls genießen oder akzeptieren könne,
urteilte der angesehene Religionsphilosoph Dr. Archibald Streithaupt.

Da er aber strenger Diabetiker war, kam leider selbst dieses nicht wirklich für
ihn in Frage.

DIE MONDÄNE NACHT

Eine mondäne Nacht verschwand spurlos im Morgengrauen, um niemals wieder zurückzukehren.

Und daran änderten selbst die Rufe der mondänsten Nachtigallen nichts mehr ...

„AUF DES MONDES STOLZEN HÖHEN"

„Auf des Mondes stolzen Höhen ...", trällerte Mrs. Frances Sturmkraut beschwingt beim Abwasch, wobei ihr eine Kanne aus der Hand fiel und zerbrach, „kannst Du mich mal!", beendete sie ihr Liedchen nicht ganz stilgerecht.

Und wiewohl doch überhaupt nicht direkt angesprochen, erhörte der Mond das verlockende Angebot, stieg herab zu ihr in die Küche – und vollzog das Unerhörte und Unfassbare!

Da hörte sie vor Wonne und Lust die Sterne singen. Wenn auch leider nur im Traum.

41

DER BEICHTSTUHL DES GRAUENS

Eine ganz spezielle Buße hatte sich Prälat Traumstar Mückenfuß für die armen Sünder ausgedacht. Er ließ sie am Ende der Beichte, nachdem er sie gesegnet hatte, durch eine Tür im Boden direkt in die Katakomben fallen. Dort fänden sie dann ausreichend Zeit, ihre Vergehen auch wirklich zu bereuen.

Erst als immer mehr Leute aus der Kirche nicht mehr heimkehrten und eine behördliche Untersuchung eingeleitet worden war, zeigte der Prälat selber „Reue" und stürzte sich ebenfalls hinab. Nicht jedoch, ohne sich **zweimal** zuvor zu segnen.

DAS ABSOLUTE GESCHÖPF

Ein absolutes Geschöpf erteilte sich selbst die Absolution – und blickt seither absolut *gnädig* auf die Erde herab.

DER PAPST ALS HUTSCHACHTEL

„Hallo, du alte Hutschachtel!" Mit dieser nicht gerade heiligen nächtlichen Begrüßung hoffte der Teufel Papst Wohlbauch dem Fröhlichen einen zumindest bescheidenen Fluch zu entlocken, um ihn damit ein wenig an sich zu binden.

Aber zu seiner Überraschung fühlte der sich ihm längst schon **total** verbunden, zog seinen Hut vor ihm – und lud ihn ein zu einem freundschaftlichen Kartenspiel.

Und worüber wurde parliert hierbei? Natürlich ausschließlich über alte Hüte!